[QU]ELQUES CONSEILS

AUX JEUNES FILLES

PAR

MADAME L. DERENNE

DIRECTRICE DE L'ÉCOLE COMMUNALE D'ERNÉE

MAYENNE

IMPRIMERIE POIRIER-BEALU

1900

QUELQUES CONSEILS

AUX

JEUNES FILLES

QUELQUES CONSEILS

AUX JEUNES FILLES

PAR

MADAME L. DERENNE
DIRECTRICE DE L'ÉCOLE COMMUNALE D'ERNÉE

MAYENNE
IMPRIMERIE POIRIER-BEALU

1900

A MONSIEUR LE BALLE

Inspecteur d'Académie du Département de la Mayenne

Hommage respectueux et reconnaissant.

L. D.

A mes Anciennes Elèves

UN MOT DE PRÉFACE

La vie scolaire est finie pour vous, mes enfants. Tour à tour, vous nous quittez chaque année avec un élan joyeux vers ce que vous croyez être la liberté, et, comme de jeunes oiseaux impatients de quitter l'aile protectrice de leur mère, vous aspirez de toutes vos forces à vivre sans contrainte, débarrassées de la règle que vous avez quelquefois trouvée lourde.

Pauvres petites! Cette liberté, que vous demandiez avec tant d'ardeur, n'a-t-elle pas, bien souvent, depuis lors, pesé à quelques-unes? N'avez-vous pas regretté le temps où, affranchies du souci de chercher votre voie, vous suiviez celle que vous montrait un guide qu'éclairait son expérience de la vie aussi bien que son affection pour vous? C'est parce que je me suis identifiée à vous-mêmes, mes chères filles, c'est parce que je sais qu'une vie nouvelle crée des besoins nouveaux, que j'ai voulu écrire ces quelques lignes avec l'espoir qu'elles continueront l'œuvre commencée à l'école. Aux heures graves ou difficiles qui ne pourront manquer de sonner pour vous, puissiez-vous ouvrir ce livre, et y trouver ce dont votre esprit ou votre cœur aura besoin. C'est le vœu le plus cher de votre meilleure amie.

L. D.

PREMIÈRE PARTIE

La vie de la jeune fille au dehors

I. — Il faut travailler

Lorsque vous rentrez dans la famille, vous savez toutes, mes chères filles, que vous allez être appelées à prendre votre part du labeur quotidien. Courageusement, pendant de longues années, vos parents ont pourvu à tous vos besoins, accomplissant sans faillir ce devoir qui était le leur. Vous ne voudriez pas, maintenant que leurs forces déclinent et que les vôtres croissent, continuer à vivre de leurs fatigues, de leurs sueurs de chaque jour. A l'œuvre donc et sans tarder ; il est temps de commencer l'apprentissage de la vie. Il est facile à accomplir d'ailleurs, ce labeur de chaque jour, si on l'entreprend de bon cœur, en lui faisant fête comme à un ami. N'est-il pas, en effet, le meilleur de tous les amis, ce travail saint qui vous garde honnêtes, pourvoit à vos besoins journaliers et vous permet de soulager la vieillesse débile d'un père et d'une mère ? Avec lui, arrière la mauvaise humeur, les pensées légères et quelquefois coupables, les rêveries dangereuses, point de place pour la calomnie et les commérages. Le soir, lasses d'une saine fatigue, après quelques heures passées en famille, vous vous retrouverez sans crainte en face de votre conscience, et vous vous endormirez en paix avec vous-mêmes et avec les autres.

Aimez-le donc, ce travail béni. Un jour, il protégera la vie sérieuse de la femme comme il a protégé les belles années insoucieuses de la jeune fille.

II. — Choix de la Profession

Le domaine du travail des mains est, pour les femmes, plus étendu que celui de l'esprit, aussi chacune de vous peut-elle choisir une profession en consultant ses goûts, ses aptitudes.

Réfléchit-on beaucoup lorsqu'on embrasse un état ? Non. Une compagne que vous aimez vous engage à entrer dans le même atelier qu'elle-même, et c'est assez pour vous décider. Trop heureux lorsque vous ne vous laissez pas guider par un motif plus futile encore. Qu'arrive-t-il souvent alors ? Au bout de quelques mois, vous êtes obligées de reconnaître que vous avez fait fausse route ; il vous faut abandonner, pour en commencer un nouveau, cet apprentissage à peine ébauché. Voilà du temps perdu et de l'argent dépensé inutilement. A cette heure si grave de la vie, ne suivez pas seulement l'impulsion qui vous entraîne vers telle ou telle voie ; votre inexpérience est trop grande pour vous permettre de vous diriger utilement. Pour avoir chance de réussite, il faut, en tenant compte des aptitudes spéciales qui sont les vôtres, vous aider des conseils de vos parents ou des personnes qui vous portent intérêt. Ceux-là vous connaissent, savent les difficultés de la vie, et surtout sont animés du grand désir de vous voir tenir avantageusement votre place dans la société. Croyez-moi, mes chères filles, vous n'aurez pas à vous repentir d'avoir choisi votre profession, guidées par la tendresse et le bon sens d'un père, d'une mère ou d'une institutrice.

Est-ce à dire maintenant que la route où vous vous êtes engagées, sur la foi des vôtres, sera continuellement semée de fleurs ? En d'autres termes, n'éprouverez-vous jamais d'ennuis, n'aurez-vous aucune difficulté à surmonter ? N'y comptez pas, la vie n'est pas une partie de plaisir perpétuelle. De même qu'il n'est point de nature sans défauts, il n'existe point de profession sans épines. Ne croyez pas que la société vous traitera toujours en enfants gâtés, et sachez accepter courageusement les tracasseries inhérentes à votre profession. Pourquoi grossir le nombre de ces fâcheux qui ne veulent distinguer que les points noirs ? N'y a-t-il pas aussi des parties éclairées ? et celle-là n'est-elle pas lumineuse qui vous permet de gagner honnêtement le pain de chaque jour ? Donc, au début, pas de tristesse, de découragement, mais de la bonne humeur et de la persévérance. Grâce à ces deux soutiens, les difficultés s'effaceront ou, tout au moins, s'atténueront assez pour vous permettre d'apprécier les avantages de la profession que vous avez embrassée.

III. — Devoirs envers ceux qui vous emploient

Je diviserai les devoirs envers ceux qui vous emploient en deux catégories. Les uns, relatifs à leur personne même, feront l'objet de cette causerie ; les autres trouveront leur place un peu plus loin.

De notre temps, chacun parle volontiers de ses droits, mais, inconsciemment ou volontairement, laisse dans l'oubli les devoirs qui en forment la contre partie. Les jeunes filles n'échappent pas à cette fâcheuse tendance. Elle serait longue, si vous la leur faisiez dresser, la liste des obligations du patron à leur égard ; elles l'épuiseraient si bien, cette liste, que, pour elles-mêmes, les droits seuls y prendraient place. Pourquoi cette inégalité ? Soyons de bonne foi, mes chères filles, et examinons ensemble cette question si importante. Il va sans dire que j'écris pour vous seules, je laisserai donc absolument de côté les obligations des patrons pour ne parler que des vôtres à leur endroit.

Avant tout, vous avez le devoir strict de respecter les personnes qui vous fournissent le moyen de gagner le pain de chaque jour. Même si l'on vous adresse la parole brusquement, que votre réponse soit polie, par respect pour vous-mêmes, au moins. Je doute que ces façons de commander, quelquefois si blessantes, je le reconnais, pour les personnes qui les supportent, ne fassent place à une plus grande urbanité, si vous savez, quand même, dans vos réponses, garder le calme qui convient à la jeune fille bien élevée. Et quand il n'en serait pas ainsi, ne descendez pas jusqu'à croire vous défendre en ripostant sur le même ton ; gardez-vous d'engager cette lutte peu courtoise où vous prendriez fatalement l'habitude des paroles triviales sinon grossières.

Très souvent, par la nature des occupations qui sont les vôtres, vous connaissez les affaires commerciales de vos patrons. En ce cas, mes chères filles, la plus grande discrétion vous est imposée. Que diriez-vous d'un notaire qui révélerait des secrets de famille, d'un facteur qui briserait le cachet d'une lettre ? Vous ne pourriez accorder d'estime ni à l'un ni à l'autre parce que, tous les deux, ils auraient violé le secret professionnel. Que feriez-vous donc vous-mêmes en vous laissant aller à des confidences imprudentes ? Je ne cite que pour mémoire les cas où vos dires ne sont appuyés sur aucun fait certain. Si vous saviez le tort causé le plus souvent par ces commérages malveillants ! Un commerçant se trouve dans un état de gêne momentanée ; un peu de temps, du travail et le voilà sauvé. Oui, mais il a compté sans les insinuations, les commentaires sortis de sa propre maison trop souvent et qui, comme une traînée de poudre, se répandent de proche en proche et ruinent son crédit chancelant. C'en est fait ; malgré son courage, sa bonne volonté, il ne pourra lutter contre le courant qui l'entraîne, il sombrera et sa chute privera de nombreuses familles de leur gagne-pain. « Je ne savais pas », ont dit et rediront malheureusement encore trop d'indiscrets et de bavards. Est-ce une excuse, et faut-il que votre faute ait les déplorables conséquences dont je viens de parler pour vous forcer à mettre un frein à votre langue ? En cette matière si grave, rappelez-vous la parole entendue à l'école et que je vous répète ici : Lorsque vous parlez du prochain en son absence, ne le faites volontiers que pour le louer ou lui être utile.

IV. — Conduite à l'Atelier

Si je pouvais choisir pour vous, mes chères filles, vous ne quitteriez pas la maison paternelle, et ce serait dans ce milieu abrité que s'accomplirait le travail journalier. Malheureusement il n'en peut pas toujours être ainsi ; des nécessités de commerce, ou autres, forcent les patrons à réunir en un lieu commun, à l'atelier, les ouvriers qu'ils emploient.

Quelle doit être votre conduite pendant cette journée passée hors du foyer domestique ? Dans tous les ateliers, une heure, fixée à l'avance suivant les saisons, appelle les ouvriers au travail. Pourquoi donc ai-je vu souvent des jeunes filles stationner si longtemps à la porte des ateliers ? Que disait-on, hier, ce matin, dans ce groupe féminin dont la gaieté bruyante faisait retourner plus d'un passant ? Hélas ! je n'ose affirmer que la conversation qui s'y tenait, vous ne l'eussiez pas interrompue si je m'étais approchée de vous. Que de mal s'ébauche, je le crains, pendant ces haltes voulues à la porte de l'atelier? Et est-elle donc nécessaire, cette pose tapageuse? Non, mille fois non. Arrivez quelques minutes avant l'heure; vous aurez tout juste le temps de saluer vos compagnes et vous entrerez calmes, l'esprit vierge de ces pensées éveillées par la conversation de tout à l'heure et qui n'auront bientôt plus, si vous n'y prenez garde, le saint privilège de faire rougir vos fronts de jeunes filles.

Mettez-vous au travail immédiatement et respectez la règle établie dans la maison. Tenez à honneur de ne pas grossir le bataillon des frondeuses, petites marionnettes révolutionnaires, toujours prêtes à partir en guerre contre l'autorité, quelle qu'elle soit. Ne faut-il pas un chef à la tête de toute société? Quel chaos, mon Dieu! si toutes vos têtes follettes voulaient agir à leur fantaisie!

Il vous est facile, tout en travaillant, d'accomplir une foule de petits devoirs de charité: un conseil à une fillette peu au courant du travail, un service à une compagne, le tout avec empressement et bonne humeur, car c'est obliger deux fois que de le faire avec promptitude et amabilité. N'oubliez pas que de toutes les petites vertus sociales, celles qui nous coûtent le moins et nous valent le plus de partisans sont ces deux charmantes sœurs qui ont nom la bonne grâce et la politesse.

Dans une précédente causerie nous avons abordé l'examen des devoirs envers les patrons, et nous avons parlé du respect qui leur est dù. Il me reste, pour compléter cet exposé, à vous dire comment vous devez entendre l'obligation du travail à leur égard.

Habituellement les ouvriers qui peuplent les ateliers se classent en deux catégories : les uns, dits en conscience ou à la journée, reçoivent un salaire fixe pour un nombre d'heures arrêté d'un commun accord entre le patron et eux-mêmes ; les autres, dits aux pièces, sont remunérés en proportion du travail fait.

J'étonnerai certainement le plus grand nombre d'entre vous, mes chères filles. si je dis que vous avez toutes le devoir de travailler avec la même assiduité, quelle que soit la catégorie à laquelle vous apparteniez. Avec un peu d'attention, de réflexion, vous serez vite amenées à reconnaître la vérité de mon dire. Dans le premier cas, on vous promet un salaire, à la condition que vous fournirez une certaine somme de travail, n'est-ce pas ? Si vous recevez le salaire sans accomplir le devoir que vous avez accepté en retour, vous commettez une mauvaise action que votre conscience qualifiera du même nom que moi : c'est un vol fait au préjudice de votre patron. D'accord, allez-vous répondre ; mais tel n'est plus le cas si j'appartiens à la catégorie des ouvrières aux pièces. Je ne travaille pas, on ne me donne aucun salaire. Cette fois, j'ai le droit d'agir à ma fantaisie, sûre que je suis de ne léser en rien les intérêts du patron. Ce raisonnement n'est juste qu'en apparence, mes chères filles. Un commerçant a besoin, pour remplir les commandes à lui faites, de vingt ouvrières, qu'il emploie aux pièces, je suppose. Sous le spécieux prétexte que vous invoquiez tout à l'heure, une partie de ce personnel travaille cinq heures, au lieu de dix, et met ainsi le chef de la maison dans l'impossibilité de livrer le travail au jour dit. Vous déduirez de vous-mêmes la conséquence immédiate : le patron subira une perte, qu'il pourra en conscience imputer à celles de ses ouvrières qui auront mal compris l'obligation du travail à son égard.

J'espère que ces quelques lignes feront entrer un peu de sagesse en certaines têtes plus légères que mauvaises. J'ajouterai que la récompense suit toujours l'accomplissement de ce devoir. Maîtres et contre-maîtres apprécient sûrement et promptement la conduite consciencieuse de certaines employées; ils savent qu'un travail à elles confié sera fait avec le soin et la célérité désirables, aussi se font-ils une obligation en même temps qu'un plaisir de leur fournir une besogne avantageuse aussi souvent qu'il est en leur pouvoir.

Ce n'est pas tout. Le bon exemple est, lui aussi, heureusement contagieux, et plus d'une fillette, paresseuse et dissipée, vous devra sûrement, à la longue, l'amour du travail et la soumission à la discipline qui vous régit.

N'est-elle pas bien remplie, cette journée ainsi passée, mes chères filles? N'avez-vous pas le droit de lever fièrement la tête en franchissant le seuil de l'atelier, puisque vous emportez la paix avec vous-mêmes, l'estime de vos supérieurs et l'affection de vos compagnes.

V. — Choix des amies

Parmi les jeunes filles qui vous entourent, il en est une vers laquelle chacune de vous se sent plus particulièrement attirée. C'est avec elle que vous avez ces interminables conversations faites des mille riens qui sont la vie des jeunes filles, et qu'égaye de temps à autre le franc et bon éclat de rire qui n'appartient qu'à votre âge. Les affections de la famille ne vous suffisent-elles pas? Non. Les frères et sœurs, c'est presque trop soi-même; le père et la mère, occupés de graves devoirs, l'esprit rempli des soucis que leur impose la famille, ne peuvent prêter une oreille attentive à vos futilités. Il vous faut en dehors de la maison, un autre esprit, jeune et insouciant comme le vôtre : il vous faut une amie.

Si je comprends, mes chères filles, ce besoin de vos jeunes cœurs, je ne suis cependant pas sans inquiétude sur la façon dont vous allez faire votre choix. Prenez garde ! Ne vous liez pas avec une jeune fille uniquement parce qu'elle est complaisante et de joyeuse humeur. A côté de ces qualités, appréciables, je le reconnais, je veux voir, dans le cœur de votre amie, des qualités maîtresses : l'amour du travail, le respect absolu des parents, l'honnêteté. Et pourquoi toutes ces précautions dans le choix de celle à qui vous allez donner votre confiance ? Vous le devinez avant que je le dise : le mauvais exemple est contagieux, et elles sont trop nombreuses, malheureusement, les honnêtes filles qu'a viciées une mauvaise fréquentation. Rappelez-vous le fruit gâté introduit parmi des fruits sains, et dites-vous bien que cette comparaison restera éternellement vraie.

J'aime beaucoup à voir se continuer dans la vie les affections commencées à l'école. Il y a là, pour vous, une certitude que le choix ne saurait être mauvais, puisque ces liens enfantins ont été noués sous l'œil d'une maîtresse, à laquelle l'expérience et l'affection ont donné une connaissance complète des caractères qu'elle a mission de former. Ces affections, loin de les détruire, le temps les consolide. Aux heures douloureuses ou seulement difficiles, une consolation, un avis sincère viennent vous montrer que vous pouvez sûrement compter sur celle que, enfant, vous avez commencé à nommer votre amie. Combien cette saine et forte affection, faite de support mutuel, d'estime commune, est préférable à ces liaisons banales, formées au hasard, aussi vite dénouées que nouées. Ne l'oubliez jamais, mes chères filles, l'amie digne de ce nom doit être l'écho de votre propre conscience, et non la flatteuse complaisante de vos mauvais instincts, ou la compagne d'un plaisir qui ne laisse après lui que honte et regret.

VI. — Les promenades

La semaine est finie. Le dimanche est venu apportant avec lui quelques heures de repos, d'autant mieux appréciées que la tâche quotidienne a été courageusement accomplie. Il est bien à vous, ce jour béni du dimanche, jouissez-en donc, mes chères filles. Mais, dites-moi, comment allez-vous les employer, ces rares instants de loisir ? Quelle récréation va vous tenter ? Voulez-vous me laisser vous donner un conseil ? Toutes les fois que le temps le permet, faites une longue promenade, allez chercher ce qui vous manque à l'atelier : le bon air pur, les senteurs fortifiantes de la pleine campagne. Ne dites pas : « la marche me fatigue. » Cet exercice, que votre vie trop sédentaire vous fait redouter, loin de vous être funeste, rendra du rose à vos joues et de la vigueur à votre sang. Vous verrez avec quel bel appétit vous ferez honneur au souper en rentrant d'une longue excursion, sans compter le plaisir que vous aurez à rapporter ces jolies fleurs des haies, semées si libéralement par le bon Dieu, et qui vous permettront d'égayer la maison pendant toute la semaine.

Je voudrais, mes chères filles, tranquille sur l'emploi de votre dimanche, clore ici cette causerie. Je ne le puis ; il me faut parler, pour vous en garantir, de certains plaisirs qui sont un danger permanent pour la jeunesse travailleuse de nos villes manufacturières. Toutes, vous les connaissez, ces lieux de réunion, situés le plus souvent à une petite distance des villes, pour donner le semblant prétexte d'une promenade. Peu fréquentées les jours ouvrables, ces auberges, puisqu'il faut les nommer, s'animent le dimanche. Le plaisir tapageur et inconvenant s'y montre sous toutes ses formes et se fait tentant pour vous prendre en ses filets : sauteries joyeuses, refrains plus joyeux encore, si possible, collations appétissantes, rien n'y manque. La première fois que vous mettez le pied en ces lieux malsains, vous y allez par étourderie ou curiosité, entraînées par une compagne, habituée de longue date à chercher ces bruyantes et peu honnêtes distractions, et qui a su vous en faire un séduisant tableau. Arrêtez-vous. Ce chemin qui vous semble si joyeux conduit à la honte. Ne dites pas : « je saurai me garder de tout mal ». Est-ce qu'on passe au milieu de la fange sans se salir? Est-ce qu'on joue impunément avec la flamme ardente? Non, non ; tôt ou tard vous serez victimes de votre imprudence, et vous grossirez le nombre de ces pauvres innocentes fillettes qui sont venues perdre leur honneur en ces lieux de plaisir. Et supposez, par impossible, que le mal ne soit pas aussi grand que je le prévois, le moins qui puisse vous arriver, c'est une tache à votre réputation, tare immonde que rien ne lavera. Si vous voulez marcher tête haute, être respectées de tous, fuyez comme le pire des maux ces plaisirs qui font pleurer vos mères, et vous jettent hors de la voie honnête où il fait si bon marcher.

2
3
4

J'en ai fini, mes chères amies, avec les devoirs qui s'accomplissent au dehors. Nous allons maintenant pénétrer en ce milieu cher qui est la famille.

DEUXIÈME PARTIE

La vie de la jeune fille dans la famille

I. — Affection

Qui dit devoir dit le plus souvent contrainte. Voici une heureuse exception. Aimer son père et sa mère, tous les siens est un besoin du cœur, un sentiment naturel, naissant, se développant sans effort. Cette affection, à de très rares exceptions près, on la rencontre vivace, intense dans toutes les familles ; elle est la base du foyer, la source de tous les dévouements, depuis l'oubli de soi-même dans les humbles actions journalières, jusqu'au sacrifice de sa vie, si besoin est, pour un être aimé.

Pourquoi donc craint-on si souvent de donner des marques extérieures de cette affection ? On l'enferme, il semble, à triple verrou au fond de son cœur, et, à moins d'un grave événement, pas une parole gracieuse, pas une caresse ne viendra la révéler. Je vous en prie, mes chères filles, osez témoigner votre affection à vos parents. Dites un mot tendre à votre mère et n'attendez pas le jour de l'an pour venir, gauches et rougissantes, tendre la joue au baiser de votre père. Lorsque vous étiez fillettes, n'était-ce pas avec empressement que vous veniez, chaque matin, solliciter une caresse, et l'affectueux bonsoir qui vous faisait passer des bras de votre père dans ceux de votre mère ne vous semblait-il pas bien finir la journée ? Votre tendresse à tous ne s'est pas amoindrie, loin de là : elle s'est affirmée chaque jour chez vos parents par les soins qu'ils vous prodiguent ; elle a cessé d'être chez vous à l'état instinctif et s'est doublée de reconnaissance, à mesure que vous compreniez mieux de quels sacrifices elle est faite. Pourquoi donc paraissez vous devenir indifférentes? On dirait qu'une niaise et étrange timidité paralyse chez vous tout élan. « Je n'ose plus », me disait une jeune fille, « je ne sais pas si cela fait plaisir. » Ah! mes enfants! Si vous saviez combien il est en joie, le cœur de votre père, lorsque vous tendez vers ses lèvres votre jeune et frais visage, vous ne lui marchanderiez plus un plaisir qu'il vous est si facile de lui donner. Et puis, croyez-moi, ces marques extérieures de l'affection l'affirment, la consolident. De même que l'ami qu'on ne visite jamais est bien vite oublié, de même, ils courent, je crois, grand risque de devenir indifférents ceux qu'un besoin commun d'expansion ne rapproche jamais.

II. — Obéissance et respect

Le titre de notre causerie va étonner certaines d'entre vous, le plus grand nombre, peut-être. Obéir, allez-vous dire, c'était bon lorsque nous étions des enfants, maintenant nous avons le droit d'agir à notre guise. Non, pour plusieurs raisons. Que penseriez-vous d'un état, d'une société quelconque qui n'aurait pas de chef, et dont tous les membres prétendraient agir à leur fantaisie ? Ce serait le désordre en permanence et la ruine à bref délai. Or, la famille est une société, elle aussi, toute petite, si vous voulez, mais une société quand même, et ses guides naturels, ceux qu'inspirent l'amour, l'expérience, sont tout désignés : vous nommez, avant moi, le père, la mère. Allons, mes enfants, votre orgueil de grandes filles est à couvert ; si sages, si raisonnables que vous soyez, vous m'accorderez bien que vos parents ont plus de sagesse, plus de raison que vous-mêmes. Laissez-vous donc guider de bon cœur ;

sous cette saine direction, vous irez tranquilles, droit votre chemin, sans craindre ces faux pas que toutes les larmes d'une vie ne sauraient effacer.

Disons un mot du respect.

De nos jours on parle trop souvent à son père comme à un camarade, à sa mère comme à une fillette de son âge. C'est d'un ton impatient qu'on riposte à une observation faite, et on va même jusqu'à rire d'un travers, d'une manie. Pour justifier cette façon de faire inqualifiable, on a une excuse toute trouvée. « Que signifient, dit-on, ces formules de respect ? Font-elles l'affection ? » Nous avions tout à l'heure l'affection qui ne se montre pas, maintenant, chose plus grave, elle se montre mal. Je vous répondrai à mon tour : Est-ce que la politesse, les attentions délicates, les tendres sentiments empêchent le respect ? N'en sont-ils pas, au contraire, une des plus charmantes manifestations ? Vous voyez bien que votre vieille amie a raison, et, tout en reconnaissant que ce laisser-aller — pour ne pas dire plus — est condamnable, il faut vous promettre de ne plus recommencer.

D'autres fois, et le cas est plus grave, l'enfant se croit autorisé à juger les actions de ses parents ; il les blâme et s'arroge le droit de leur refuser les marques d'un respect dont, selon lui, ils ne sont pas dignes. Prenez garde, mes enfants, vous n'êtes pas bons juges en cette grave affaire,et si, par impossible, nous avions à pleurer sur la conduite d'un des nôtres, rappelons-nous que Dieu, en promettant sa bénédiction à qui honore son père et sa mère, nous a imposé ce devoir d'une façon absolue, sans restriction.

Obéissance voulue, entière, respect absolu. Rappelons-nous que toute famille périt où ces vertus ne sont pas en honneur.

III. — Confiance

J'ai dit, mes chères filles, que vous devez vous laisser guider par vos parents. Le plus souvent, vous n'avez qu'à obéir à la direction donnée ; mais il est des cas,que j'appellerai plus intimes, et dans lesquels vous ne pourrez être utilement conseillées, si, au préalable, vous n'avez ouvert votre cœur, eu confiance en un mot.

Qu'est-ce donc qu'avoir confiance ? Avoir confiance en quelqu'un c'est lui reconnaître assez de sagesse, d'expérience pour nous guider, assez d'affection pour vouloir nous préserver de tout mal, de tout chagrin, si petit soit-il. Pas n'est besoin de chercher bien loin cet appui, ce conseil : Votre mère est là, gardienne du foyer, n'oubliant jamais qu'elle a plus encore charge d'âmes que de corps. Lorsque vous étiez enfants, elle pensait pour vous ; grâce à sa vigilante tendresse, vous évitiez mille petits accidents. Maintenant le pied s'est affermi, mais la tête, n'est-elle pas encore bien inexpérimentée ? ce jeune cœur, bon, mais ardent, ne peut-il pas se laisser égarer ? Approchez-vous de votre mère, et la main dans la main, racontez vos secrets de jeune fille. N'oubliez pas que vous ne trouverez jamais meilleur et plus tendre conseiller que ce cœur qui vous aime si profondément, et, tout en comprenant le besoin que vous avez d'aimer une jeune fille de votre âge, besoin dont nous avons parlé précédemment, gardez pour votre mère les confidences que votre conscience vous dit devoir demander un conseil. Parlez sans crainte. Vous avez une faute à avouer ? Eh bien ! reste-t-on étendu sur la terre après une chute ? Cet aveu qui vous coûte est un commencement de relèvement. Qui mieux que votre mère peut comprendre vos défaillances, vous redonner confiance en vous-mêmes ? Et, puis, mes enfants, pour vous encourager à la confiance, si précieuse pour vous, souvenez-vous qu'elle est préservée des chutes graves, la jeune fille qui permet à l'œil clairvoyant et tendre de sa mère de scruter les plus intimes replis de son cœur.

IV. — La jeune fille doit prendre part aux travaux de la maison

Ne connaissez-vous pas, comme moi, des jeunes filles qui, de retour à la maison, après le labeur quotidien, se croient affranchies de tout travail domestique ? Oui, chacune de vous, peut-être, a parmi ses connaissances intimes, certaine petite demoiselle qui accepte volontiers que sa mère lui serve de femme de chambre, de cuisinière, quoi encore ? Tout ce que vous voudrez, pourvu qu'elle-même se croise les les bras. Prendre un balai, essuyer les meubles, laver la vaisselle, raccommoder ses vêtements, voilà de la besogne qui n'est point pour elle. J'entends chacune de vous dire en elle-même : « Je travaille toute la journée à l'atelier, ma part est faite. » Et votre mère, ne travaille-t-elle pas, elle aussi, dès l'aube ? Ne voulez-vous pas, vous qui êtes jeune et forte, lui épargner quelques heures de fatigante veillée ? Si, n'est-ce pas ? Tenez, nous allons vous trouver une part agréable dans ces multiples besognes qui sont du ressort de la ménagère. Vos jeunes yeux sont bons, ménagez ceux de votre mère, et laissez-lui le facile travail du tricot. Grâce aux leçons reçues à l'école, vous confectionnerez tous les vêtements simples : jupons, camisoles, tabliers ; vous entreprendrez même avec succès le travail plus difficile du raccommodage. Ces bas qui s'entassent dans votre corbeille à ouvrage, ces torchons, ces draps, ils vont, grâce à votre adresse, à votre patience, sortir presque neufs de vos mains, se retrouver en état de fournir un long service Dites, mes enfants, cela ne vaut-il pas mieux que le chiffonnage inutile qui occupe de longues heures, ou la lecture d'un livre trop souvent mal choisi ? Et tenez, pendant que vous rangez dans l'armoire le travail que vous venez d'achever, si vous pouviez voir de quel œil satisfait votre mère suit ce rangement, vous seriez, j'en suis sûre, amplement payées de la peine que vous avez prise.

V. — Emploi de votre argent

Laquelle d'entre vous n'a pas ressenti un mouvement de joie en serrant dans sa main le premier argent qu'elle a gagné ? Vous avez pu, à partir de ce moment, vous dire avec un mouvement de fierté bien légitime : « Enfin je ne serai plus une charge pour les miens ; je pourrai leur venir en aide. » Depuis cette bienheureuse soirée où vous avez apporté à la maison votre première semaine, avez-vous toujours fidèlement remis à votre mère le salaire quotidien ? J'entends dire que certaines jeunes filles concluent avec leurs parents une sorte de marché : elles payent pension à leur mère ! Cette jeune fille qui tire parcimonieusement quelques francs de sa bourse pour payer « sa pension » à ses parents, eh bien ! pendant des années, ces mêmes parents ont dépensé pour elle sans compter, se privant du nécessaire pour lui donner le superflu ! Et maintenant qu'il lui serait facile de leur venir en aide, elle va se soustraire à ce devoir en disant : « Cette somme qu'on me demande, c'est le prix de mon travail, il est trop juste que je le garde. » Et à quoi va-t-elle employer son argent ? Elle va faire des économies. Dans le tiroir de l'armoire repose un joli livrot de caisse d'épargne sur lequel son nom est inscrit. Hélas ! j'ai honte de le dire. Pendant que sa mère renonce à repriser le pauvre et unique jupon qui est toute sa garde-robe, la jeune fille emploie son gain à acheter des toilettes voyantes, de mauvais goût, qui attirent des sourires moqueurs et des suppositions malveillantes.

Vous ne voudrez pas, mes chères amies, grossir le nombre de ces égoïstes; non, vous voudrez que dans la famille, il n'y ait, grâce à vous, qu'une bourse comme il n'y bat qu'un cœur. Donnez sans compter, à pleines mains, mes filles. A votre âge, il est permis de ne pas songer à garantir l'avenir. Je m'explique. La vie s'ouvre devant vous longue et belle, et vous pouvez, sans mériter le reproche d'imprévoyance, vous donner l'immense, l'incomparable plaisir d'être généreuses avec les vôtres. D'ailleurs, Dieu qui compte tout, bénira votre travail. Croyez-moi, les économies de l'âge mûr seront assez abondantes pour ne pas vous faire regretter les saintes générosités de la jeunesse.

VI. — Les frères et les sœurs

Quelques-unes d'entre vous ont le bonheur de posséder des frères et des sœurs, ces amis chers entre tous parce qu'ils ont reçu les mêmes caresses que vous, et qu'un jour aussi, hélas ! ils pleureront sur les mêmes cercueils.

Je voudrais, mes chères filles, vous voir commencer auprès d'eux la sérieuse vie de la femme. Dites-moi, de quoi est-elle faite, cette vie ? D'oubli de soi-même, de petits dévouements obscurs. Et n'allez pas croire que ce sacrifice continu, cet oubli répété du moi égoïste soit une rude tâche à accomplir. Non, non ; on l'a dit véritablement : il n'est pas de plus grand contentement que le spectacle du bonheur des autres, lorsque nous sommes pour quelque chose dans ce bonheur. Et si vous en doutiez, vous n'auriez qu'à vous rappeler, pour vous convaincre, la joie de votre mère lorsqu'elle réussit à vous être agréable au prix de n'importe quel sacrifice.

Soyez donc la petite mère de votre jeune sœur, l'amie de votre frère aîné; montrez-leur en toute occasion que vous les aimez, non en paroles, mais en actions, c'est-à-dire en sacrifiant vos goûts, vos préférences aux leurs. Quoi qu'il arrive, vivez en paix avec eux, et que de regrettables querelles ne troublent jamais la paix qui doit régner au foyer domestique.

Et lorsque les années auront passé, emportant du vieux nid le père et la mère, quand les oisillons, devenus grands, auront pris leur volée vers le grand monde, votre cœur gardera un frais souvenir de ces heureuses années. Cette affection d'enfance, le temps la consolidera, la rendra indestructible. Viennent les mauvais jours, le bras fort du frère se tendra vers vous, et votre cœur aura toutes les tendresses, toutes les compassions, pour consoler les douleurs qu'on cache aux yeux des indifférents.

VII. — La toilette

Nous allons aborder ensemble un grave sujet, malgré les rubans et les fanfreluches qui en sont l'accompagnement : je veux vous dire quelques mots sur ce que doit être votre toilette.

Je connais des jeunes filles — nombreuses — dont l'esprit, lourd et rebelle à tout travail sérieux, devient d'une souplesse et d'une lucidité extraordinaires lorsqu'on traite devant elles une question de toilette ; en vérité, leur compétence s'affirme alors d'une façon magistrale. C'est à ne pas croire la dépense d'imagination faite en ce cas pour combiner une coiffure, transformer un costume ou garnir un chapeau. Et lorsque la réussite a couronné ces patients efforts, quelle satisfaction, quels jolis sourires à l'adresse de la charmante personne qui porte si élégamment cette ravissante toilette ! Ne souriez pas, mes chères filles, vous connaissez aussi quelques-unes de ces jolies poupées.

De ce que je viens de dire, vous pourriez conclure que je veux vous voir vêtues d'une robe disgracieuse et coiffées d'un bonnet de grand'mère. Non, non, loin de moi cette pensée. Soyez toujours habillées avec soin, avec élégance même ; mais, de grâce, ne dépensez pas tout votre esprit, tout votre argent à cette accessoire question de toilette.

Et maintenant quelles règles suivre dans vos achats ? Vous voulez faire une emplette, acheter une robe, je suppose, n'arrêtez pas votre choix sur ces étoffes soi-disant bon marché, que leur peu de durée transforme promptement en étoffes d'un prix très élevé. Prenez un tissu bonne qualité, de nuance sobre et adoptez une forme simple, seyante, à l'abri des caprices de la mode. Vous compléterez votre toilette par une coiffure, chapeau, bonnet, allant bien à votre visage, et pour la garniture de laquelle la mode, si complaisante à notre époque, mettra à votre disposition une nuance qui s'harmonisera à votre teint. Ainsi parées, vous serez charmantes, croyez-en ma vieille expérience, parce que votre toilette, si simple qu'elle soit, sera de bon goût et n'attirera pas le regard. Avouez que ces paroles vous semblent étranges ? Il en est ainsi pourtant, et si vous pouviez entendre les réflexions qui s'échangent parfois sur les promenades publiques, vous seriez obligées de dire que les toilettes tapageuses, ridicules toujours, le deviennent plus encore lorsqu'elles sont portées par de pauvres ouvrières, qui ont dépensé le plus clair de leur salaire pour se donner le vaniteux plaisir de les étaler. Laissez donc les fausses plumes aux tons criards, les tours de cou grotesques dans leur formidable touffu, les bijoux de pacotille. A la place de ces riens ridicules, achetez le linge indispensable à la confection de votre modeste trousseau. Le soir, après le travail, vous confectionnerez vous-mêmes chemises, camisoles et autres objets, et vous aurez le plaisir de ranger en belles piles symétriques ce modeste linge qui est une richesse pour le ménage de l'ouvrier. Pendant ce temps, les belles toilettes à couleurs voyantes et de teint douteux, laisseront vides les rayons de l'armoire et prendront le chemin de la poche du chiffonnier.

VIII. — Les lectures

Les beaux jours sont finis. Adieu les agréables promenades du dimanche. Il faut s'approcher de la lampe, se presser autour du feu. Ne sont-elles pas un peu longues, mes chères filles, ces veillées où il faut laisser l'aiguille au repos ? A quoi les employer ? Bon nombre, pour ne pas dire toutes, ne sont pas embarrassées. Vous aimez la lecture, n'est-ce pas ? et je sais que quelques-unes d'entre vous même trouvent toujours trop courtes ces heures de plaisir qui ne reviennent qu'une fois la semaine. Vous avez raison d'aimer cette distraction. Un bon livre est un ami qui a toutes les qualités : il instruit, recrée, rend meilleur, console même.

Mais avez-vous pris garde à ce que vous venez de lire ; j'ai dit : un bon livre. Il y a donc de mauvais livres ? Oui, certes, et quelques-unes d'entre vous les connaissent trop bien.

Il y a d'abord le roman qu'on lit en cachette, loin de l'œil de sa mère. Si vous n'avez pas l'habitude de ce genre de lecture, au début, une sainte rougeur monte à vos joues, puis votre esprit prend goût à cette fange, présentée d'une façon tentante pour un esprit jeune, inexpérimenté. Bientôt vos doigts tournent fiévreusement les feuillets, et vous lisez avec une avidité malsaine ces pages honteuses sur lesquelles l'œil d'une fille honnête ne devrait jamais s'arrêter. Mes enfants, il n'est pas de pire danger que celui-là. Je vous ai dit quel soin il fallait apporter au choix de vos amies, eh bien ! il est plus important encore peut-être de veiller sur vos lectures. La parole imprudente, que prononcera une jeune fille légère, peut ne pas laisser de trace durable dans votre esprit ; cette compagne peu recommandable ne restera pas continuellement à vos côtés, du reste ; mais le livre ! Il sera là toujours, offrant dans la solitude de votre réduit de jeune fille telle page dont vos sens auront gardé un souvenir coupable. Loin de tous, vous prendrez sur votre sommeil pour nourrir votre esprit de ce poison. Un jour viendra peut-être où le mal n'ayant plus de secrets pour vous, votre honneur sera à la merci d'une tentation que vous ne manquerez pas de rencontrer.

Un livre n'est pas seulement dangereux parce qu'il fait naître en vous des pensées qu'une honnête fille n'avouerait pas à sa mère ; le péril peut s'y montrer encore sous une autre forme. Dans ces récits où l'imagination a la plus grande part, l'auteur, préoccupé d'intéresser à tout prix, se garde bien de peindre la vie telle qu'elle est. Les petits et humbles devoirs de chaque jour, le terre à terre du ménage, tout cela est aussi peu intéressant que surabondamment connu, et il se garde bien d'en dire mot. Ses jeunes filles sont toutes des miracles d'esprit, d'intelligence et de beauté ; si par une injustice que rien n'explique, elles ne sont pas entrées dans la vie par la porte d'or, vous les voyez, après mille émouvantes péripéties, arriver à la situation à laquelle elles ont si bien droit. « Ces récits me font passer agréablement quelques heures, direz-vous, mais ne laissent aucune trace dans mon esprit. » Ne le croyez pas. La plus sage, la plus raisonnable a ses heures mauvaises : un léger ennui à l'atelier, une injustice supportée, que sais-je encore? Ces jours-là, on rêve, on compare sa pauvre humble vie à celle de l'héroïne qui a fait passer de si bons moments l'autre soir. Pourquoi n'avoir pas aussi belle part? Pour un peu, vous vous trouverez malheureuses et si vous n'avez pas un grand fonds de bonne humeur, vous allez user à ce chagrin imaginaire les forces dont vous avez si grand besoin pour mener votre vie comme il convient à de vaillantes et honnêtes filles.

Alors, direz-vous, le plus sûr pour éviter ces dangers multiples est de ne jamais toucher à un livre. Loin de moi cette pensée. Toutes les villes, ou à peu près, possèdent une bibliothèque où chacun peut trouver l'ouvrage qui lui convient. Au besoin, demandez à votre institutrice un conseil qui ne vous sera jamais refusé. Vous ouvrirez alors votre livre sans arrière-pensée, sûres que vous serez de ne trouver, sous une forme agréable, que des idées saines, de ne voir passer sous vos yeux que des personnages qui vous feront aimer votre vie, si humble soit-elle. Au lieu des amollissantes rêveries dont nous parlions tout à l'heure, vous apprendrez à avoir du courage pour les inévitables luttes de la vie, et souvent, en fermant votre livre, vous vous sentiriez au cœur le généreux désir de corriger tel défaut, de fortifier telle qualité.

Un dernier conseil en terminant cette causerie : n'ouvrez jamais un ouvrage que vous ne voudriez pas lire devant votre mère ou votre institutrice.

IX. — La bonne humeur

N'avez-vous pas rencontré quelquefois une jeune fille au visage revêche, répondant à toutes les avances par de rares et maussades paroles. Si vous arrivez à gagner sa confiance, elle vous racontera ses soucis : elle se plaindra du travail peu avantageux qui est le sien, de l'exigence de ceux qui l'emploient, du peu de complaisance de ses compagnes, une vraie litanie de doléances, enfin. De tout ce qu'elle vous a raconté une chose est vraie, c'est qu'il est lourd, le fardeau qu'elle traîne; mais la faute en est à son fâcheux caractère, non à son entourage.

A côté de cette pauvre maussade, voyez sa voisine d'atelier. L'œil brillant, le visage ouvert, elle va la main tendue vers tous, un mot aimable sur les lèvres. N'est-ce pas qu'il est agréable de répondre à ses avances ?

Quel est le secret de la différence que nous constatons entre ces deux jeunes ouvrières ? L'aimable fille qui travaille là-bas si joyeusement, a pris pour l'aider dans l'accomplissement de sa tâche une servante docile, toujours prête à répondre au moindre signe et dont la complaisance ne se lasse jamais : c'est la bonne humeur. Avec elle, tout travail devient facile, et s'accomplit comme un devoir agréable, non comme une corvée fatigante. Et voyez quelle aimable compagne est cette charmante bonne humeur et quelle reconnaissance vous lui devez. En même temps qu'elle porte la plus grosse part de votre fardeau, elle réjouit, par sa présence, tous ceux qui vous entourent, et fait souvent oublier, pour un temps, au père, à la mère, les inquiétudes que trop souvent leur causent les mille nécessités de la vie.

Soyez donc gaies, mes filles ; le rire va à votre âge comme la fleur au printemps, le chant à l'oiseau, et dites-vous qu'il est bien près de devenir une récréation le travail qui s'accomplit la chanson aux lèvres.

X. — Dieu. — La Prière

Lorsque vous admirez une œuvre d'art quelconque, votre pensée ne va-t-elle pas vers celui dont le génie a créé ce chef-d'œuvre, et s'il vous était donné d'être admises en sa présence, hésiteriez-vous à lui témoigner votre admiration, votre respect ? Non, certes. Eh bien ! mes enfants, vous pouvez tous les jours admirer une œuvre, belle entre toutes, l'admirer sous mille aspects divers : tantôt dans la calme beauté d'une matinée de printemps, tantôt dans la majestueuse splendeur d'un coucher de soleil ou l'infini mystérieux d'une nuit étoilée. Vos mains ne se sont-elles pas quelquefois jointes dans un élan d'admiration, et votre esprit ne s'est-il pas humilié devant la grandeur de l'artiste, du Créateur, de Dieu ? Il est puissant, ce Dieu, puisqu'il a créé le monde et le maintient en l'harmonie qui est sa principale beauté ; il est bon, puisqu'il n'a oublié aucune de ses créatures : à l'insecte,il a donné le rayon de soleil, à l'oiseau, l'espace, au brin d'herbe, à l'arbre majestueux,la terre nourricière, à l'homme, l'univers.

Allez-vous vous borner à un élan stérile d'admiration ? N'avez-vous rien à demander à ce Dieu puissant et bon, qui veut bien s'incliner vers vous, pauvre humble enfant, ne voulez-vous point le prier ? Je voudrais que la prière fût pour vous non pas un devoir qui pèse, mais un besoin du cœur. Est-il donc pénible d'ouvrir ce cœur sous l'œil d'un Père, de lui demander avec confiance qu'il vous tende la main comme à un petit enfant faible ? Que craignez-vous ? Certes, Dieu possède toutes les perfections à un degré infini, mais il en est une qui prime toutes les autres, si je puis ainsi parler, c'est la bonté. On ne dit pas : le Dieu juste, le Dieu puissant, on dit : le bon Dieu. Pouvez-vous trembler devant cette douce bonté, plus tendre que la plus tendre des mères ? Allez vers lui avec confiance et croyez que l'aide est en proportion de la faiblesse.

Chaque matin, mettez-vous donc à genoux, mes enfants, commencez votre journée par une courte prière. Mettez-y tout votre cœur, sans vouloir que votre esprit erre à l'aventure, pendant que vos lèvres répètent machinalement des mots qui n'ont de la prière que le nom. Le soir, vous vous retrouverez encore un instant seules avec Dieu, et,en le remerciant de la protection qu'il a étendue sur vous, pendant cette journée, vous lui demanderez de bénir votre repos.

Que je voudrais vous voir aimer Dieu ! Que je voudrais vous persuader de cette vérité : Dieu est un ami qu'on ne lasse jamais et dont la main secourable soulève les plus lourds fardeaux.

XI. — La récompense

Ne voulez-vous point, mes chères filles, avant de clore ces causeries, que je vous parle de la récompense à laquelle vous avez droit? Cette récompense sera immense, infinie, parce que votre débiteur, Dieu, paie largement, surabondamment. Regardez autour de vous. Votre cœur ne tressaille-t-il pas d'une joie profonde? Vous êtes pour quelque chose dans cette paix qui règne à la maison ; c'est grâce à votre petite bourse de jeune fille que quelques privations ont été épargnées à ceux que vous aimez. Joie du père, appui de la mère, vous avez étendu votre douce influence, celle du bon exemple, jusqu'au frère aîné. Aujourd'hui, il préfère les soirées, que vous savez rendre si agréables, à la bruyante et malsaine gaieté du dehors. Et la petite sœur! Voyez avec quelle confiance sa main cherche la vôtre, et quelle insistance elle met à vous réclamer en l'absence de la mère. Puis, comme couronnement, vous avez la paix avec vous-mêmes ; chaque soir, en même temps qu'une approbation, votre conscience vous donne un encouragement qui vous affermit dans la route quelquefois difficile du bien.

J'ai fini, mes enfants, mon dernier mot sera : Courage à vous toutes, courage à celles qui marchent depuis longtemps dans le droit chemin, courage à celles qui s'y engagent d'un pas encore incertain.

TABLE DES MATIÈRES

PRÉFACE

—

1re PARTIE

La vie de la jeune fille au dehors

2e PARTIE

La vie de la jeune fille dans la famille

MAYENNE, IMPRIMERIE POIRIER-BEALU

www.ingramcontent.com/pod-product-compliance
Ingram Content Group UK Ltd.
Pitfield, Milton Keynes, MK11 3LW, UK
UKHW021146230726
13926UKWH00002B/958

9 782016 198735